RAIMON SAMSÓ

100 preguntas
que cambiarán tu vida
en menos de una hora

EDICIONES OBELISCO

Si este libro le ha interesado y desea que lo mantengamos informado
de nuestras publicaciones, escríbanos indicándonos qué temas son
de su interés (Astrología, Autoayuda, Ciencias Ocultas, Artes Marciales, Naturismo,
Espiritualidad, Tradición...) y gustosamente le complaceremos.

Puede consultar nuestro catálogo en www.edicionesobelisco.com.

Colección Nueva Consciencia
100 PREGUNTAS QUE CAMBIARÁN TU VIDA EN MENOS DE UNA HORA
Raimon Samsó

1.ª edición: noviembre de 2007
2.ª edición: marzo de 2008

Maquetación: *Marta Rovira*
Diseño de cubierta: *Enrique Iborra*

© 2007, Raimon Samsó
(Reservados todos los derechos)
© 2007, Ediciones Obelisco, S.L.
(Reservados los derechos para la lengua española)

Edita: Ediciones Obelisco S.L.
Pere IV, 78 (Edif. Pedro IV) 3.ª planta 5.ª puerta
08005 Barcelona-España
Tel. 93 309 85 25 − Fax 93 309 85 23
E-mail: obelisco@edicionesobelisco.com

ISBN: 978-84-9777- 423-9
Depósito Legal: B-12.798-2008

Printed in Spain

Impreso en España en los talleres gráficos de Novoprint
Energia, 53 − 08740 Sant Andreu de la Barca (Barcelona)

Introducción al método de las buenas preguntas

He escrito varios libros para ayudar a las personas a responder a esta pregunta: *¿Quién soy?* El libro que sostienes en las manos, sin embargo, está orientado a otra gran pregunta: *¿Qué quiero?* Creo que todos deberíamos responder a una y otra pregunta en algún momento de la vida.

¿Crees que hay algo imposible en tu vida? Recuerda tu respuesta, porque este libro va a mostrarte que no lo hay. En realidad, tú mismo vas a poner de manifiesto lo errónea que es esa creencia. Tal vez aún no lo sepas pero no hay nada que no puedas *ser, hacer* o *tener*. ¿Cómo puedo asegurarlo con tanta rotundidad? Porque sé que todas las limitaciones provienen de dentro, no de afuera. Y por suerte, siempre se puede cambiar una creencia.

¿Cuáles son tus creencias? Es posible que creas cosas increíbles o que, en ciertos aspectos, ya no sepas qué crèer. No es nada extraño, le pasa a todo el mundo. En cualquier caso, siempre tienes razón. Cuando aciertas, la tienes y cuando te equivocas también, porque tú lo estás creando todo; la cuestión es en qué quieres tener razón la próxima vez. ¿En qué cambiaría tu vida si creyeras por completo en ti mismo?

Si deseas «ver» tus creencias, basta con observar la realidad, que nunca es engañosa, la cual es un reflejo de tus creencias y elecciones. ¿Has echado un vistazo? ¿Estás satisfecho con lo que ves? Si no es así, no te preocupes, porque en la siguiente frase, y con una sola palabra, te diré como cambiar las creencias que entorpecen tu vida. Cuestiónalas. Si no lo haces, eres cómplice de tus creencias.

El método que te propongo es tan sencillo como formularte buenas preguntas que cuestionen, e incluso pongan en duda, todo aquello que crees que es verdad y tal vez ya no lo sea, o quizá nunca lo fue. No hay nada más peligroso que una mentira disfrazada de verdad. En lo que a mí respecta, para cuestionar mis creencias sospechosas –y créeme, todas lo son–, las dos preguntas que me formulo con más frecuencia, practicamente a diario, son, y por este mismo orden: *¿Es esto lo que quiero?... Si no, ¿qué es lo que quiero?* Acuérdate de que tu futuro será el resultado de las creencias que hoy elijas apoyar.

No temas conseguir lo mejor. Si de todos modos vas a atraer cualquier cosa que entra en tu vida, ¿por qué no atraer sólo lo mejor?: la mejor salud, la mejor pareja, la mejor ocupación, las mejores relaciones… Tal vez ya esté todo bien, no lo cuestiono, pero ambos sabemos que podrías estar aún mejor. No conozco a nadie que no pueda mejorar su vida en algún aspecto. Mi compromiso al escribir este libro consiste en garantizarte que si respondes con honestidad las cien preguntas que he seleccionado para ti, habrá cambios en tu vida que simplemente te dejarán sin aliento.

Quiero compartir contigo uno de los secretos que mejores resultados me ha proporcionado en mi actividad como *coach*. Me refiero, ya lo habrás adivinado, al arte de formularse preguntas. En este libro te propongo una herramienta que puede cambiar el curso de tu vida: «el método de las buenas preguntas».

El *coaching* ayuda a las personas a pensar con amplitud de miras, a partir de preguntas que las conducen a hallar respuestas a sus desafíos. Al terminar la sesión, los clientes poseen más energía y claridad para conseguir muy buenos resultados –y algunos, resultados extraordinarios.

Esta lectura está diseñada para que, por medio de preguntas poderosas, expandas tu pensamiento hacia la excelencia. Recuerda que hablas contigo continuamente, pues eres la persona con quién más vas a hablar en toda tu vida; pero, ¿realmente te escuchas? En tu *diálogo interior* continuamente repites mensajes inconscientes. Este método es una invitación a escucharte.

Trabajar con preguntas es lo más revelador que nunca he experimentado al conducir al máximo rendimiento a mis clientes y a los participantes de mis seminarios. Las buenas preguntas avivan conciencias, suavizan el diálogo interior, lo refinan. Generan cambios de paradigmas, ayudan a pensar, y les conducen al siguiente nivel.

¿Tienes que tomar una importante decisión sobre algún asunto? No busques la respuesta perfecta, mejor busca las «preguntas perfectas». Como sé que todos debemos tomar grandes decisiones en algún momento, he incluido una serie de media docena de *preguntas binarias* –con dos alternativas– que te ayudarán a tomar excelentes decisiones:

1. ¿Esta decisión me aporta energía o me la quita?
2. ¿Elijo en libertad o coaccionado por algún miedo?
3. ¿Lo que elijo me conduce a lo excelente o a lo mediocre?
4. ¿Me ofrece satisfacción perdurable o satisfacción transitoria?
5. ¿Elijo desde el temor o desde al amor?
6. ¿Mi elección conserva mis dudas o prescinde de ellas?

Una pregunta provocativa te enfoca al presente y al futuro, estimula la imaginación, busca recursos insólitos en el consciente, pero disponibles en el subconsciente. Como después de la lectura de este libro las buenas preguntas se convertirán en una de tus herramientas favoritas, quisiera enseñarte cómo incorporar presuposiciones positivas. Las presuposiciones subyacentes positivas irradian tus pensamientos con la fuerza invisible del amor. Por ejemplo, la *pregunta cerrada*: «¿Puedo hacerlo?» no es muy alentadora, pues incluye la opción del «no». Sin embargo, mejora formulada de modo abierto: «¿Qué necesito para conseguirlo?» que incluye la presuposición subyacente «lo conseguiré». Y lo único que está en juego es el «cómo». Las *preguntas abiertas* bien diseñadas inspiran.

Formúlate preguntas excelentes, todo lo demás es cháchara superflua. La calidad de las preguntas que te formules determinará la calidad de las respuestas que obtengas. Voy a proporcionarte una revolucionaria pauta cuyo éxito he comprobado, una y otra vez, en mis mejores clientes: actúa, compórtate y habla como si fueras la clase de persona que deseas ser y, te lo garantizo, te convertirás en esa persona. Una persona extraordinaria es una persona ordinaria que se formula preguntas extraordinarias.

Si deseas obtener algo diferente, deberás formularte preguntas mejores. ¿Nunca has pensado en encontrar una pregunta cuya respuesta pudiera cambiar el resto de tu vida? Bien, eso es lo que va a suceder si sigues leyendo este libro. Si deseas dar pasos de gigante hacia la vida que anhelas, deberás empezar a formularte muchas buenas preguntas y ninguna de las «malas».

El «método de las buenas preguntas» es un estímulo a la expansión del pensamiento para crear nuevas realidades. Cualquier cosa que hay en tu vida ahora es el resultado de las preguntas que te has hecho en el pasado y de las que no te has hecho (especialmente de estas últimas).

Permíteme iluminarlo con un símil: dos signos de interrogación son el quimono de las mentes imaginativas. Adquiere, pues, destreza y maestría en su uso.

¿Qué aspecto tiene una buena pregunta? Éstas son las seis cualidades que debe reunir:

1. Incitan respuestas de alta calidad.
2. Empiezan por *qué, cómo, cuáles, para qué...*?
3. Se orientan hacia la solución y no al problema.
4. Se centran en el presente y no en el pasado.
5. Hacen pensar y activan los recursos internos.
6. Elevan al pensamiento a un nuevo nivel.

No te guardes para más adelante ninguna de las cien preguntas que seleccioné. Gástalas ahora, pídete respuestas. No te reserves para el futuro. ¿No sientes que es el momento de brillar para el resto de tu vida? Las he agrupado en *cinco áreas* vitales:

1. Familia y salud
2. Propósito de vida y metas
3. Trabajo y dinero
4. Relaciones y amistad
5. Desafíos y dificultades

Sea cual sea la apariencia de tu deseo, ten siempre presente que, en realidad, tus objetivos son un vehículo que te conducen a una triple finalidad: satisfacción, felicidad y paz interior. No te engañes en esto.

Las cien preguntas que te ofrezco en cada una de esas cinco áreas son para ti; no están diseñadas para obtener información, sino con objeto de generar un nuevo nivel de conciencia y determinación que permita pasar a la acción. Úsalas como una palanca pues para eso fueron concebidas. Cada una de ellas, si me permites el símil, es como un caza supersónico que te conducirá hacia *el nuevo tú*. Ninguna pregunta es más adecuada que otra; sin embargo, alguna te conmoverá de un modo especial y señalará un punto desde donde empezar a trabajar. Seleccioné cien preguntas; las respuestas –y lo que hagas con ellas– son cosa tuya.

Las mentes inspiradas se interrogan constantemente para alcanzar su ideal de vida. ¡Las mentes impecables son su propio oráculo! Se plantean preguntas y escuchan sus respuestas. Gábor Dénes, premio Nobel de Física en 1971 dijo: «La mejor manera de predecir el futuro es inventarlo». ¿Quién o qué puede contradecirte si decides ser el héroe de tu propia historia? Lo más importante es darte cuenta de esto: si pudiste formular una pregunta, entonces es que tienes la capacidad para crear su respuesta. Nadie alberga un deseo auténtico que no pueda hacer real.

Las buenas preguntas conducen a cambios importantes, pues te conducen:

- de la inconsciencia a la conciencia,
- de la ausencia a la presencia,
- de la desesperación a la inspiración,
- de lo ordinario a lo extraordinario.

En ocasiones, la respuesta no es tan importante como el nivel de pensamiento que generan. En esos casos, la pregunta es la respuesta.

Las buenas preguntas son magnéticas y atraen respuestas certeras. A menudo, la ley de la atracción atraerá respuestas en forma de intuiciones, de buenas ideas o de personas que te darán la clave de lo que buscas. Vamos a comprobarlo.

Lo que sigue es una batería de «preguntas de urgencia» diseñadas para expandir el pensamiento. No busques respuestas rápidas. Mejor llega hasta el corazón de la pregunta y contesta desde el tuyo. Deja que estas preguntas te acompañen durante días y graviten en torno a ti. Si crees que te mereces lo que quieres, puedes empezar con estas diez buenas preguntas, que deberías plantearte antes de seguir adelante:

- ¿Qué parece imposible que, si ocurriera, cambiaría mi vida?
- ¿Qué es importante para mí?
- ¿Qué haría si no tuviera ningún temor al fracaso?
- ¿Qué es lo que realmente quiero y qué pienso hacer al respecto?
- ¿Qué haría si el resultado estuviera garantizado?
- ¿Qué daría significado a mi vida?
- ¿Qué echo de menos para sentirme realizado?
- ¿Qué haría con gusto por el resto de mi vida?
- ¿Qué deseo empezar, acabar o continuar en mi vida?
- ¿Qué características tendría mi vida ideal?

Adicionalmente, tengo para ti más preguntas con poder real. Puedes bajártelas e imprimirlas gratuitamente desde mi dirección web:

www.raimonsamso.com

Y si estás listo para asumir el control de tus experiencias y pasar al siguiente nivel, adelante, ¡sé tu propio *coach*! ¿A qué estás esperando?

1. Familia y Salud

1. ¿Qué gestos aumentarían el nivel de intimidad con mi pareja?

2. ¿Qué tres actitudes podrían mejorar mi relación de pareja?

3. ¿Qué agradable sorpresa puedo prepararle hoy a mi pareja?

4. Si fuera el caso, ¿en qué tropezamos siempre en nuestra relación?

5. ¿De qué formas puedo expresar amor por quien siento amor?

6. ¿De qué formas puedo ser más generoso en mis relaciones?

7. ¿Qué nos hará reír juntos y aumentar nuestro sentido del humor?

8. ¿Qué es lo que mi familia necesita más de mí?

9. ¿Cómo quiero relacionarme con mis hijos?

10. ¿Qué cinco valores principales desearía transmitirles a mis hijos?

11. ¿Cómo puedo hacerles más agradable la vida a mis padres?

12. ¿Qué hábitos nutricionales pueden hacer que me sienta mejor?

13. ¿Qué entrenamiento físico puedo incluir con regularidad en mi agenda?

14. ¿Qué hábitos mejorarían mi nivel de energía y salud?

15. ¿Qué puede ayudarme más en mi desarrollo personal en este momento?

16. ¿Qué me conduciría a experimentar estados de paz mental más duraderos?

17. ¿Qué clase de «dieta de pensamientos» mejoraría mi estado emocional?

18. ¿Cómo quiero sentirme físicamente a los sesenta, setenta y ochenta años?

19. ¿Qué clase de cuidados y atenciones generan una sensación de mayor bienestar en mí?

20. ¿Cómo puedo simplificar mi vida en todos los aspectos?

2. Propósito de Vida y Metas

1. ¿Qué pensamientos ayudarán a que empiece el día con una actitud positiva?

2. ¿Qué haría si no pudiera equivocarme?

3. ¿Qué me gustaría hacer de verdad con mi tiempo?

4. ¿Me he negado algún sueño importante hasta la fecha?

5. ¿Cuál es el sueño más importante de mi vida?

6. ¿Cuál es mi mayor talento y en qué es útil a los demás?

7. ¿Cuáles son mis habilidades y puntos fuertes?

8. ¿Hasta qué punto estoy dispuesto a comprometerme en mi propósito?

9. ¿Qué mejoraría, o cambiaría, en mi vida para darle un gran sentido?

10. ¿En qué aspectos decido dejar de ponerme excusas?

11. ¿Cómo puedo contribuir a mejorar la vida de los demás?

12. ¿Qué incluiria un plan de acción para manifestar mis metas?

13. Si describiera cómo quiero que sea mi vida en los próximos años, ¿qué palabras utilizaría?

14. ¿Qué metas aparentemente imposibles de alcanzar cambiarían por completo mi vida?

15. Si supiera que los milagros de verdad existen, ¿cuál pediría para mí?

16. ¿Qué podría perder y qué podría ganar si cumplo mis metas?

17. ¿Qué pensamientos y creencias necesito dejar atrás para conseguir mis metas?

18. ¿Quién hizo algo parecido a lo que yo deseo y me puede inspirar, enseñar y ayudar?

19. Si existen, ¿qué hábitos y conductas me impiden alcanzar mis metas?

20. ¿Cuál es el legado que deseo transmitir?

3. Trabajo y Dinero

1. ¿Qué me parece hoy imposible en mi profesión que, si ocurriera, lo cambiaría todo?

2. ¿Hacia dónde quiero enfocar mi trayectoria profesional?

3. ¿Qué trabajo quiero llevar a cabo en los próximos cinco años?

4. Si dispusiera de cien millones de euros, o más, ¿qué ocupación elegiría?

5. ¿Cuál es mi «barrera invisible» y cuál el nivel óptimo de desempeño del que soy capaz?

6. ¿Cómo puedo mantenerme al día de lo que ocurre en mi sector?

7. ¿Qué habilidades necesitaré para avanzar profesionalmente al siguiente nivel?

8. ¿Qué formación me hace falta para hacer un gran avance en mi profesión?

9. ¿De qué habilidades y talentos dispongo pero no aprovecho en su totalidad?

10. ¿Cuáles son los tres mayores retos que podría afrontar en mi trabajo?

11. ¿Cómo puedo aumentar el valor de mis servicios o productos?

12. ¿Qué actividades me conducirán a la independencia financiera?

13. ¿Cuánto dinero quiero ahorrar o invertir el próximo año?

14. ¿Cuál es la cifra de ingresos para la que me he programado mentalmente?

15. ¿Cuál es mi cifra objetivo de los ingresos para el próximo año y los siguientes?

16. ¿Cómo puedo generar fuentes de ingresos adicionales para conquistar mi libertad económica?

17. ¿Cómo puedo doblar mis ingresos, y reducir mi deuda, de haberla, en un año?

18. ¿Qué puedo hacer para reducir mis im-
puestos?

19. ¿Qué otras fuentes de «ingresos pasivos» puedo crear para obtener beneficios sin «trabajar»?

20. ¿A qué edad quiero retirarme y con qué respaldo patrimonial y financiero?

4. Relaciones y Amistad

1. ¿Qué clase de relación mantengo conmigo mismo?

2. ¿Qué clase de energía me transmiten mis actuales relaciones?

3. ¿Cómo actúa mi ego y de qué modo eso afecta a mis relaciones?

4. Si fuera el caso, ¿qué relación quisiera reparar?

5. ¿Con quién, y en qué situaciones, cedo mi poder personal?

6. ¿Cuáles son las opiniones de los demás cuyo olvido me supondría una gran liberación?

7. ¿Qué diez cualidades en mí mejorarían mis relaciones personales?

8. Aproximadamente, ¿cuántas veces sonrío a los demás a lo largo del día?

9. ¿Qué tipo de relaciones me gustaría atraer a mi vida?

10. Si fuera el caso, ¿cuál de mis comportamientos que no refleja mi verdadero yo deseo cambiar?

11. ¿Cómo puedo expandir y atender mi red de contactos?

12. ¿Con qué clase de personas quisiera contar como amigos?

13. ¿En qué ambientes o con quién me siento relajado y en paz?

14. ¿Cuáles son las personas que más amo y aprecio en esta vida?

15. ¿Con quién de mi entorno quisiera consolidar una amistad?

16. ¿Cómo puedo mantener más contacto con las personas significativas?

17. ¿Con qué personas a quienes no veo desde hace años quisiera recuperar el contacto?

18. ¿Que amistad debería dejar atrás definitivamente por falta de sintonía?

19. Si muriera hoy, ¿quién acudiría a mi entierro?

20. ¿Cuál es la mayor contribución que deseo hacer a las personas que conozco y a las que no conozco?

5. Desafíos y Dificultades

1. ¿Qué haría la persona que más admiro ante este desafío que se me plantea?

2. Si consultara al mayor sabio del planeta, ¿qué me aconsejaría?

3. Si un amigo se encontrara en mi misma situación, ¿qué le aconsejaría?

4. ¿Qué soluciones me indicaría mi «sabio interior» si le prestase más atención?

5. Si conociera las respuestas a mis desafíos, ¿cuáles serían?

6. ¿Qué soluciones no he intentado aún?

7. ¿En qué concentro mi atención cuando encaro el desafío?

8. ¿Qué decisión conseguiría que mi dificultad desapareciera para siempre?

9. ¿Cómo puedo mejorar radicalmente mi situación actual?

10. Si finalmente no hubiera solución a este reto, ¿qué es lo que podría pasar?

11. ¿Qué dificultades suelo tener y de qué modo «me ayudan»?

12. ¿Para qué persona mi dificultad no supondría ningún problema?

13. ¿Qué pensamientos o creencias están detrás de la dificultad?

14. ¿Cuál es la emoción predominante ante esta dificultad?

15. ¿Qué haría si no existiera el obstáculo que me aleja de la solución?

16. ¿Qué pequeñas decisiones pueden facilitar las cosas?

17. ¿Qué hago, o dejo de hacer, mientras dura el problema?

18. ¿De qué modo consigo que el problema no empeore?

19. La dificultad que me preocupa, ¿cuándo aparece, cuándo no, cuándo desaparece y cuándo se ha resuelto?

20. ¿Qué oportunidades estoy dejando escapar por centrarme en las dificultades?

Índice

Si quieres profundizar sobre estas cien preguntas y crees que necesitas apoyo profesional para elaborar tus respuestas, contacta con:

Raimon Samsó, *coach*,
en ÁREA INTERIOR ®
Tel.: 93 304 24 88 (Barcelona, España)
Correo electrónico: raimon@raimonsamso.com
Página web: www.raimonsamso.com

Si quieres regalar este libro...

Si quieres regalar este libro a una persona que seguramente lo apreciará, contacta con Ediciones Obelisco y te ayudaremos a cumplir tu deseo.

Teléfono de contacto: 93 309 85 25
Correo electrónico: pedidos@edicionesobelisco.com
Página web: www.edicionesobelisco.com

O bien rellena este CUPÓN DE REGALO y envíalo por fax al: **93 309 85 23**

CUPÓN DE REGALO del libro:

100 preguntas que cambiarán tu vida en menos de 1 hora:
Precio del libro (4,95 €) más 4 € de gastos de envío a España.

Este es un regalo de:
Nombre: _____
Apellidos: _____

Para:
Nombre: _____
Apellidos: _____
Dirección: _____
Código postal: _____ Ciudad: _____
Teléfono: _____